AF364293

ROBADO DE AMANECERES

ExLibric

FERNANDO MARTÍN MALAVÉ

ROBADO DE AMANECERES

EXLIBRIC

ANTEQUERA 2022

ROBADO DE AMANECERES
© Fernando Martín Malavé
© de la imagen de cubiertas: Aura Martín Navarro
Diseño de portada: Dpto. de Diseño Gráfico Exlibric

Iª edición

© ExLibric, 2022.

Editado por: ExLibric
c/ Cueva de Viera, 2, Local 3
Centro Negocios CADI
29200 Antequera (Málaga)
Teléfono: 952 70 60 04
Fax: 952 84 55 03
Correo electrónico: exlibric@exlibric.com
Internet: www.exlibric.com

ISBN: 978-84-19269-22-5
Depósito Legal: MA 595-2022

Nota de la editorial: ExLibric pertenece a Innovación y Cualificación S. L.

FERNANDO MARTÍN MALAVÉ

ROBADO DE AMANECERES

Para ti.

Primeras palabras

El mundo eres tú, o aquel otro que camina solitario o acompañado. El mundo son los campos y los mares. Cuando se toma la decisión de «dar a luz» un libro después de un larguísimo embarazo de casi toda una vida, quizá sea por hacer partícipes a los demás de las vivencias de las que uno ha tomado nota durante mucho tiempo.

¿Es desnudarse un poco? Siempre se ha dicho que la poesía es como alumbrar el alma y verterla hacia los demás.

La realidad es que el poeta siempre cuenta lo que ve a su redor, las noticias que le llegan desde distintos ámbitos, lo que, a veces, percibe con su olor, lo que otros cuentan de sí mismos y de los demás, e intenta convertirlo en poema.

Otras veces, el poeta es en sí su propia historia, la que hubiera pensado para él, o la que hubiera deseado. La introversión es causa las más de las veces de una poesía que sale de uno mismo, disparada hacia uno mismo. La extroversión, como motivo psicológico de celebrar lo de uno con los demás, también es causa de un escrito.

La soledad, buscada o no, también tiene relación con el poeta. En la soledad de los momentos vividos con angustia, en la soledad vivida con paciencia, en la soledad vivida con amor, amor de aquí o de allá, también resurge el poeta. Soledad con sentimiento, soledad, que no estás solo.

Del desespero también emanan los versos; del arraigo o desarraigo, de lo buscado y no encontrado, y de lo encontrado sin buscarlo.

De un pájaro que vuela y te habla, de algunos que no te hablan y vuelan a tu alrededor. De un dios que aparece y desaparece como las olas de la mar.

De la mar con sus olas, que como dioses enfurecidos te llevan de la mano. Del viento, del sol, de ese sol de la mañana que aparece para avivar tus sentidos y recomponer tu estructura orgánica adormecida.

De la luna. ¡Ay, la luna! No sabremos si escribimos de la luna por ella misma o porque se ha escondido el sol. Luna y sol, sol y luna, día y noche, vida y sueño… y la mar.

Todo esto, y mucho más, es poesía.

Por todo esto el sacar a la luz un libro de poemas es para mí el placer de recopilar un puñado de experiencias escritas durante una parte de mi vida. Son diversas, como distintos son los momentos de la existencia de cada persona. El contenido de los escritos expresa lo retenido en nuestro pensamiento, en un minuto, en una hora, en un día o en toda la vida.

Existirán poemas que a veces desearías no haberlos escrito, pero para un poeta lo escrito, escrito está y siempre será necesario retenerlo. Habrá historias que no las desees, pero te las han contado o las has vivido y necesariamente las has volcado en los poemas.

¿Es desnudarse un poco escribir poesía? No estoy seguro si lo es el escribirlas, pero de lo que estoy seguro es de que me encuentro muy cobijado al verlas publicadas. Es el abrigo que da el tacto del papel y el de aquellas manos que con amor van pasando página a página para leerlo.

Comencé a escribir poemas, recitando, o sea, leyendo y leyendo poesías. Creo que como todos. Se escribe, si se lee. El amor de madre, madre maestra, la llevó a decirme que debería recitar, que tenía voz para ello.

Al llegar del colegio, ya tenía encima de la mesa varios poemas para estudiar y declamar. La mímica me la enseñaba ella y yo repetía incansablemente lo mismo un día tras otro. Me parecía costoso, pero era feliz. Yo diría que me sentía un poco importante por motivos diversos. En mi casa y en toda mi familia, que era larga, solo era yo el que recitaba, era el rapsoda de la familia y solo tenía cinco años.

Lo mismo ocurría en el colegio. Éramos más de cuarenta en la clase y recitábamos dos. Recuerdo con añoranza y al mismo tiempo con inmensa alegría que fui a Radio Nacional de España a recitar, tendría apenas cinco o seis años. No recuerdo exactamente el título de la poesía ni el nombre del autor, solo sé que trataba de una señora gorda que se sentaba encima de un pobre gato y lo «espanchurraba». Me subieron en un banquillo para que pudiera llegar al micrófono. Volví a sentirme importante. Me regalaron un juego de bolos de madera.

En mi casa, desde pequeño, oí hablar mucho de García Lorca. Mi padre era granadino y amigo del poeta de su tiempo de juventud. Aunque no comprendiera algunos de ellos, me hacía leer versos del poeta granadino y me los explicaba después, para que pudiera recitarlos dándoles la mímica e importancia que requería cada tema.

La importancia de un escrito no está tanto en quién lo realiza, sino en por qué se hace y en qué momento, pensaba yo cuando mi padre me explicaba la vida de García Lorca.

La libertad es poesía, o la poesía es libertad. Con el transcurrir de los años creo que las dos aseveraciones son ciertas. Es la niñez y juventud una época plagada de aprendizajes, todos llenos de sabores nuevos, plenos de espiritualidad y exento de intereses. Todo se realiza porque sí. No existe la duda de si estará bien o mal. Se hace y basta. Manda el espíritu, el sentimiento, el corazón, o sea, la verdad. La niñez y juventud serán, me decían, tu patria. Lo que realices y cómo lo hagas durante esos años te acompañarán toda la vida.

Cuando pasaron los años y las modas y los modos no han cambiado, me doy cuenta de que llevaban razón. Para seguir declamando hay que seguir leyendo poemas y poemas. No importa de quién, lo importante estriba en la variedad de temas para adaptarlos a la declamación.

En cualquier reunión familiar tenía que recitar algo. Me sentía como el cómico de la familia, pero me sentía importante. Solo tenía nueve o diez años. La pubertad, época de transición, no resuelve los encadenados y súbitos cambios del niño, hay que esperar a la juventud.

Cuando las cadenas, entre espirituales y hormonales, se entrelazan en un púber, puede y debe ocurrir cualquier cosa, a la espera de los años venideros. A mí fue cuando, aparcando la rapsodia, me dio por escribir algunas poesías sin saber por qué, pero un día se comienza y ya nunca se termina. No estoy muy seguro, pero creo que la primera que escribí fue a mi abuela, después a mi ciudad (Málaga de mis amores), a la mar, a los pescadores, a todo lo que me rodeaba en aquel momento. Todas con amor, todas con el único sentimiento que se tiene a los pocos años.

¿Por qué comenzaría yo a escribir? Esta pregunta me la he hecho montones de veces, y la contestación, quizás no una sola, pueda estar en la incitación al verbo que tuve por parte de mi madre desde niño o el hablarme de poetas por parte de mi padre.

Más difícil ha sido contestarme el por qué he continuado escribiendo versos toda mi vida. Aún no he encontrado la respuesta. Solo tengo como posible aquello de que tu patria es tu niñez y juventud. Lo que hayas realizado de niño te marcará toda la vida. Quizás sea esa.

Los cambios que pertinente o impertinentemente se van sucediendo van modelando nuevos caminos y nuevas concepciones. La relación con los demás es distinta a través de los años, pasamos del ferrocarril de vía estrecha a tren de alta velocidad. Hablamos más con los demás, nos cuentan, oímos, percibimos el cómo y por qué nos lo cuentan y lo trascribimos. Somos cada vez menos poetas de introversión, pero a veces cuando volvemos a serlo, nos alegramos nuevamente, nos sentimos importantes como cuando éramos niños.

El mundo habla por la boca de un poeta. El sol, la luna y las estrellas. El mundo es la cotidianeidad, lo repulsivo, lo agradable, lo espiritual, lo corporal y lo anímico. El mundo habla por la boca de un poeta. Observa, recicla, lo lleva a lo más íntimo y lo trasmite. No hay tregua, cuando no la hay, para trasmitir lo que uno siente, pero cuando se dejan los versos aparcados, no es que el poeta deje de sentir, quizás sea que no puede trasmitir lo que siente. No siempre están dispuestos los ritmos para mandar mensajes.

Cuando va llegando el atardecer, debes pensar lo cercano que está el siguiente amanecer. Ese puede ser el que te dé luz de nuevo para trasmitir aquellos sentimientos que quedaron guardados. La luz, poeta de la luz. No me gustan las tinieblas.

La mar y el viento

Desde mi dormitorio oigo los silbidos del viento al amanecer. Es dulce, muy dulce, despertar con la música del viento, de Eolo embravecido.

Pongo la radio para oír música, esa música que apacigua, que tranquiliza, que te hace ver el día de otra manera, pero enseguida la apago. Me quedo con el sonido de trompeta de ese viento de levante que llega apaciguado por la sordina de las ventanas. Comienza en mí una sensibilidad especial, que me lleva entre despierto y dormido a pensar en levantarme ya para salir y disfrutar de este bello concierto.

Levanto la persiana. El día, ligeramente nublado, pero con luz suficiente para comprobar que las pequeñas nubes de algodón se van desplazando de este a oeste, mecidas por ese levante musical que llena mis sentidos. Al mirar al cielo, pensativo, extasiado, percibo otro sonido. Pongo atención, y es el de la mar, de esa mar que casi siempre está en calma y la que hoy parece como si quisiera decir que tiene más vida que nunca, que en el movimiento está la existencia de cualquier ser, que los remolinos siempre terminan en espuma, como si me quisiera decir que debo aprender de ella. El sonido de la mar es el más majestuoso que existe.

Desempolvo mis ojos, mojo mis cabellos y a toda prisa me visto y bajo. Ya desde el portal, mis ojos se extasían ante tanta belleza, pero aún me falta el sonido, ese sonido que acompaña al movimiento de las olas de un mar embravecido.

Abro la puerta y me voy acercando a la arena de la playa. Es maravilloso, es maravilloso. ¡Qué Mediterráneo, Dios mío! Entre el azul del cielo, jaspeado de algodones entre blancos y grises, el viento de levante imponiéndose a la naturaleza, y el mar respondiendo a la música con danzas de espumas y arena, no hay nada mejor para los sentimientos.

Mis ojos no pueden ver nada más maravilloso. Parado, con los ojos puestos en el horizonte, parece como si el viento quisiera transportarme hacia el mar bravío. Mis setenta y tantos kilos son como una brizna en manos de Eolo, que junto a Neptuno, puestos de acuerdo una vez más, han sido los creadores del mejor espectáculo para los sentidos.

La mar y el viento. El viento, la mar y yo, que, faltándome de todo, me uno como espectador, queriéndome inmiscuir como actor, sin que nadie me haya otorgado papel en el reparto. Nadie me dio papel alguno, pero quiero ser actor de esta danza, porque es limpia, pura, llena de verdad, auténtica.

Mis sentidos danzan, cantan, palpan, y el cielo me anuncia en su cartelera. Seré la arena que, en remolinos constantes junto al agua y al viento, formarán esas olas majestuosas que bailarán dando diversos tonos en la mar inmensa. Las olas, enormes de agua y cielo, romperán contra la arena y darán espumas y espumas blancas, limpias y puras. Esa espuma, que a los ojos llega, que salpica mi cuerpo, que me atrae y que rompe mi corazón, eres tú.

Te veo, me miras, rompes contra mí, te esparces por la arena de mi playa y desapareces. Eres grande pero fugaz, vas y vienes con las olas, vas y vienes con el viento. Sigue el viento con su música. La mar me mira, sigue embravecida y el cielo se va oscureciendo con la caída de la tarde.

Siempre habrá cielo donde reflejar mis ojos. Siempre habrá viento de música infinita. Siempre existirá esa mar, donde calmar mis sentidos. ¿Y espuma? ¿Habrá siempre espuma que bese mi arena? El viento y la mar. La mar y el viento. Pensar y soñar. Sueños y pensamientos.

La voz

Flor que se ve ya marchita
y de hojas secas rodeada,
así terminó sus días
la flor que yo tanto amaba.

Jazmín mustio y sin olor
que a la tierra se traslada,
así marchó para siempre
la flor que yo tanto amaba.

Ya se fue de entre nosotros,
aún queda su voz dorada
cuando se habla de su vida,
cuando es ella recordada.

Cuando termina la noche,
siento al despuntar el alba
que una voz baja del cielo.
Es la voz de ella que me habla,
y me dice con voz tenue:
«Pasa la vida callada,
porque aquí es donde se vive
cuando la vida se acaba».

CANCIÓN A MÁLAGA

Málaga de mi cariño,
mi patria chica querida,
entre las olas dormidas
oigo tu sueño de armiño.

Málaga, tierra de sol,
de alegrías, de dulzuras,
de penas y de amarguras,
eres también un crisol.

El sol que viene a salir
queda rendido a tus plantas,
mientras la aurora te canta
que el nuevo día va a venir.

Málaga, tierra de ensueño,
ciudad por el sol dorada,
al terminar la balada,
yo quisiera ser tu dueño.

ROMANCE MARINERO

El sol se ve en el ocaso,
la luna emprende su vuelo
y abajo, en la playa, un hombre
con su barca mar adentro,
para desplegar sus redes
y tener para el sustento.
¿Cuántos años tiene usted?
No sé, me va respondiendo,
sólo sé que tengo hijos
y todos son pequeñuelos,
y he de sacar el pescado,
para después yo venderlo
y así poderles llevar
a todos el alimento.
El tiempo ha cambiado al pronto
y el pescador está viendo
que se le escapan las redes,
que se le van para adentro.
El pescador da a su barca
toda la fuerza de remos,
y así no vean en su casa
que se marcha mar adentro,
mientras tres peces de luces
tejen otra red de nuevo.

SOLEDAD SONORA

¡Ay, barca, qué sola estás!
Quién pudiera ser barquero
y seguirte en tu sendero,
olas vienen y olas van.

¡Ay, barca, qué sola estás!
Tan solo te mira el cielo
y las nubes con desvelo
van a reír y a llorar.

¡Ay, barca, qué sola estás!
Y las olas quieren verte
por su casa pasear.

Barca de mi playa, barca,
barca del mar y del cielo;
barca, no llores, barquilla,
que ya tienes tu barquero.

HOMBRE

Alma y cuerpo,
cuerpo y alma.
El cuerpo lodo es
y a la tierra marcha.
El alma…
¡Ay, el alma!

Qué oportuna
está la tierra
cuando el cuerpo
va a alcanzarla.
Pero el alma…
¡Ay, el alma!

El habla es todo silencio,
la vista ya nada alcanza,
ritmo pierde el corazón,
los músculos su tono apagan
y hemorragias del ayer
de sus sentidos emanan.
Quiere volver al pasado
sin recibir el mañana,
cuando ya, muy cerca de él,
una guadaña descansa.

Ya se ha acabado tu ser,
terminaron tus andanzas.
¡Qué dolorido está el cuerpo!
¡Qué apenado por su marcha!

Pero cuando todo es triste,
todo llanto y todo lágrima,
dentro, muy dentro,
como límpida mañana,
sonríe el alma.

LA SIEMBRA

Es verdad.
Ya no hay pétalos de amor,
filamentos con ojeras,
belleza en tu color.
Es verdad.
Ya no los hay.
¿Te apenas tú?
Yo… verás.
Lo que siento es,
aunque no quisiera,
tristeza en el corazón,
viendo llegar el estío,
amanecer el calor,
el ir de la primavera,
el óbito de la flor,
el entierro de sus pétalos,
la pérdida de un amor,
que nació en lo más hondo
del jardín del corazón.
Pero ¿qué puedo hacer yo,
cuando la rosa marchita
no me regala su olor,
cuando su tallo reseca
y no hay sangre en su redor,
cuando el puñal del verano
sus pulmones traspasó?

¿Un llanto? Sí, eso…
¡No! Las lágrimas no avivarán
el seso que se marchó.
Ya está.
Una siembra.
¡Sí! Una siembra con amor
de semillas pequeñitas.
Sin lloros,
con regocijo y dulzor.
Hazla caer en tierra buena,
en lo mejor del corazón.
Llegará otra primavera
y verás con alegría,
y quizás con estupor,
cómo ha nacido la rosa.
¡Qué fuerza la de su tallo!
¡Qué belleza en su color!
¡Qué frescura en su semblante!

Todo te lo debe a ti,
amigo y buen sembrador,
que a ver yacer una rosa,
nueva semilla pusiste
en el jardín del amor,
con tu sonrisa y tu lágrima
que fue su abono mejor.
Amigo, sigue sembrando
rosas con alegría
y alguna flor de dolor,

de esas que nunca mueren,
que quedan siempre fragantes,
porque son rosas de Dios.

¡AY, JARDÍN DEL JARDINERO!

Cómo quieres plantar rosas
en jardín que nunca fue.
No lo riegues, jardinero,
no podrán nacer en él.

Si el jardín nunca ha tenido
abonos de sensatez.
No lo riegues, jardinero,
nada crecerá en él.

Si es como campo baldío
o tierra de mal agüero.
No malgastes regadío,
no lo riegues, jardinero.

¿Y quieres tú plantar rosas
donde solo hubo espinas?

¿Qué quieres tú, jardinero,
plantar en una colina,
donde el corazón de piedra
solo con pasión camina?

¿Qué quieres tú, jardinero,
que arraigue en una montaña,
donde solo la guadaña
es lo último y primero?

¿Qué quieres tú, jardinero,
que crezca en un torbellino
si lo que del cielo vino
no quiere mirar al cielo?

¿Qué quieres tú, jardinero,
que salga en zona rocosa
si es piedra y solo piedra
y aquí nunca nacen rosas?

¡Ay, jardín del jardinero!
¡Ay, tierra sin abonar!
Si tú cierras tus senderos,
nadie te podrá ayudar.

Mas si quieres ser primero,
cosa que puedes lograr,
vuelve tus ojos al cielo
que de allí rosas vendrán.

PERDÓN PARA UN AYER

Tú viniste una vez. ¿Te acuerdas?
No me digas que no.
Lo que tú hiciste allí
es raro que no lo recuerdes.
¿A dónde? No me digas, mujer, que no te acuerdas
y ahora te encuentro, te miro, te beso,
y otra vez la misma escena,
y otra vez la misma pena.
Recuerda bien todo aquello
y corre, vete de mi vera.
¿No ves que estoy llorando,
aunque has vuelto,
todavía tu ausencia?
Corre, vete de mi vera,
que yo solo quiero tus labios,
tus dos rosas perfumadas
y tus dos blancas caderas.
Sí, corre, vete de mi vera,
pues todavía habrá muchos
que de verdad te quieran
y no pienses más en mí.
Yo seguiré siendo el mismo
de aquel día y aquella escena,
seguiré siendo el hombre
que algo busca y no lo encuentra.
Yo solo quise de ti,

al encontrarte en mi senda,
jugar a buenos y malos,
escondidos en la selva
y que uno de los dos
al terminar muriera.
Murió tu amor, que era bueno;
el malo ya muerto era.
Por eso, al mirarte, al oírte,
al recordar la comedia,
siento frío y tengo pena,
y no palpo ese calor
de la sangre en mis venas
como aquel día, en aquel lugar.
¿Te acuerdas?
No, pero no quiero pensar.

Corre, vete de mi vera,
que habrá alguien que no sepa
lo que nos pasó a nosotros
al lado de aquella alberca,
en una noche cerrada
y de tristes azucenas,
y al ver tu cara, tus ojos,
tu boca de roja fresa,
ese de verdad te quiera.

ARREPENTIMIENTO

Madre, óyeme.
Mírame, Madre.

¿Cómo quieres que te mire
si estás aún en pecado?
¿No recuerdas lo que hiciste
aquel día en el arado,
llevándote tierra adelante
a la mujer de tu agrado?
Pues Dios no te lo ha perdonado.

Madre, óyeme.
Mírame, Madre.

A ti te pido perdón,
que ya dejé ese camino,
que voy a ser como antes,
que a esa mujer no la quise
sino para aprovecharme,
que esa mujer ya se fue,
aunque le tuve que dar
dinero para alimentarse.

Madre, perdóname tú,
que voy a ser como antes,
como de pequeño fui
rezándote al acostarme.

Y si es mentira lo dicho,
que si a ti no voy a amarte,
que venga Dios hacia mí
y con un puñal me mate.

MIRADA

Cielo y cruz,
y un solo dios.
La grandeza del amor.
¿Ya la pensaste tú?
Siguiendo la cruz
se alcanza el cielo.
¿Por qué pensar que muero,
si cerca de mí estás tú?

GRATITUD

Gracias, Señor,
porque me matas,
porque me hieres,
porque me atas y desatas,
porque me quieres.

Gracias, Señor,
porque me cuidas
en mi llanto,
en mi risa,
porque no abandonas mis desdichas.

Gracias, Señor,
porque solo has de dejarme
en aparente libertad,
solo con las flores del jardín,
solo con las olas de la mar,
solo junto al bien,
solo frente al mar,
con las rosas, en los barcos,
con amor, con desamparo,
en las calles, en el campo,
en la dicha, en la desgracia.
Señor, Señor… ¡Gracias!

Sí. Gracias, Señor,
porque me quieres,
porque me matas,
porque mi fe amamantas,
porque en el invierno frío
y en el verano de playas
haces de mí lo que quieres,
y aunque mi alma calla,
es mi corazón quien canta
mediante pobres palabras.

Gloria a Dios, que está en mi mundo,
en mi invierno, en mi playa,
en mis calles, en mi casa,
en mi amor, en mi desgracia,
en mis risas, en mis lágrimas,
en mi cuerpo y en mi alma.

HOMBRE Y NIÑO

Que se murió el angelito
y nadie quiso decirlo.
¡Pobrecito!
¡He visto morir a tantos hombres
aún siendo niños!
Y se murió el angelito,
y parecía dormido.
¡Pobrecito!
¡He visto llorar a tantos hombres
como si fueran niños!
Y se murió el angelito,
y parecía estar vivo.
¡Pobrecito!
¡He visto reír a tan pocos hombres
como se ríen los niños!

LUZ O TINIEBLAS

Deja en el mundo la vida
un anciano labrador,
pidiendo por sus pecados
a Dios eterno perdón.

Al mismo tiempo que ocurre
lo del pobre labrador,
otros muchos en el mundo
comercian con el traidor.

El mundo llama al demonio,
el demonio va a la carne,
el hombre es otro demonio
cuando no vence este trance.

Recordaremos que nunca
hemos de servir a dos:
iremos con el demonio
o volveremos a Dios.

Si te vas con Satanás,
despídete del Dios grande
para vivir hasta el fin
con el mundo y con la carne.

En cambio, si arrepentido
vuelves a ese gran Señor,
verás que siempre te encuentras
un Padre con su perdón.

El perdón te da la vida,
la vida y la gracia plena.
Pídele a ese Padre bueno
que siempre esté tu alma llena
de verdadera alegría,
y al dejar el triste valle,
que te lleve con sus santos
a la gloria perdurable.

Mi Cristo crucificado

Perdón, Cristo del madero.
Perdón, Cristo coronado.
Perdón, Cordero inmolado.
Perdóname, Gran Lucero.

Perdón te vuelvo a pedir
por si algo he olvidado,
pues tanto como he pecado
no me puedo arrepentir.

Yo no quiero ya pecar
después de estar perdonado.
Por lo poco que te he amado
mucho yo te voy a amar.

No me dejes de tu lado,
mírame con compasión.
Te vuelvo a pedir perdón,
¡mi Cristo crucificado!

AGONÍA

Luz que se apaga.
No llores, anda, no llores,
si la niña está jugando
y en sus manos trae flores.

Luz que se apaga.
Ríe, sonríe, niña de mis encantos,
no ves que si tú lloras,
mi alegría se torna llanto.

Luz que se apaga.
Seca tus ojos, seca tu cara,
ven, ven corriendo.
¿No querías que te amara?

Luz que se apaga.
Lo ves, ya te estoy amando.
Pero tienes frío, ¿verdad?
¡Qué más da! El sol ya está sobrando.

Luz que se apaga.
Habla, sí, dime eso.
No, no digas nada.
Ven junto a mí, dame un beso.

Luz que se apaga.
¿Ya no me quieres?
No me contestes, porque me hieres.

Luz que se apaga.
Luz que ya no existe.
¡Ay, dolor de amante,
¿por qué naciste?!

A UNA COPA

Copa, mujer de todos,
contigo sacian su sed
el rico, el pobre,
el borracho,
el de amor desesperado,
el muchacho.

Cuando vacía tú estás,
nadie te mira de cerca.
¡Ay, copa! Tú solo eres
una mujer pasajera.

CANCIÓN DE AMOR Y ESPERANZA

Si no te llega el amor,
a lo menos la esperanza
debe aliviarte el dolor
del recuerdo y la añoranza.

Si no te llega el amor,
asómate a la ventana
y presenta tu dolor
a ese sol de la mañana.

Si no te llega el amor,
porque el sol no lo encontraras,
espérate un día más,
o quizás otra mañana,
o tal vez en una noche
de estrellas y luna clara,
porque la luna es mujer
y sabe de amor y lágrimas.

QUIÉN

Solo fue…
No sé, quizás un mirar,
un adiós para volver después.
Algo fue.
Es dulce pensar en el ayer,
mas hoy…
No, no quiero hablar del hoy agrio
que entristece mi ser.
Es raro.
¿Existe la tristeza?
Entonces ¿quién pudo ser?

Respuesta

«¿Qué es la vida?»,
preguntaba uno a otro,
mientras allí dos personas
se miraban a los ojos.

«¿Qué es la vida?»,
se volvían a preguntar,
mientras esas dos personas
solo se querían amar.

«¿Qué es la vida?»,
se decían por vez tercera,
mientras esas dos personas
se querían a su manera.

La vida es vida y no más.
El que consigue vivirla
atesora eternidad,
porque aprendió en este mundo
que lo importante es amar.

Amar el cielo y la tierra,
amar la lluvia y la mar,
amar con amor divino
y con amor terrenal.

«¿Qué es la vida?»,
se preguntan y preguntan
sin una solución hallar.
¿Tienes tú ya la respuesta?
Ama y la encontrarás.

SI NO HAS CORTADO ROSAS

Si no has cortado rosas,
lo siento.
No sabrás lo que son espinas
en tu pensamiento.

Si no has cortado rosas,
lo siento.
Me da pena de ti, amigo,
te ha pasado el tiempo,
te ha comido la noche,
te ha llegado el silencio.

Te ha recibido el reproche
por no haber cortado
rosas con espinas en su momento.
Lo siento.
De verdad, amigo, lo siento.

VERSOS PARA UNA NOCHE

He pasado la noche peor de mi vida.
El estudio me ha ido bien.
Ya amaneció, estoy rendido.
Estoy contento del deber cumplido.
¡Qué alegría!
Sí, contento…
Los párpados caídos, los ojos soñolientos.
¡Calla y vete, toro de fuego!
Solo tú has de saber
que estoy feliz, aunque deshecho.

VOCACIÓN

En mi corazón habita,
y para ti lo he guardado,
un amor puro y sincero
que a nadie lo he regalado.

Para ti, sí, Cristo mío,
para ti, que me has llamado,
y yo sintiendo tu voz
hacia ti he caminado.

Pero al volver la cabeza,
el recuerdo a mi pasado,
te pido perdón, ¡oh, Señor!,
por todos los míos pecados.

El recuerdo de aquel tiempo,
de mis amores mundanos,
me hace decirte Dios mío:
«¡Ven por mí, dame la mano!».

Y si alguna vez la estrella
no me guía hacia tu lado,
¡Señor, ten piedad conmigo
y vuelve a darme la mano!

YO SOY YO

Yo soy tierra,
yo soy soplo,
yo soy loco,
yo soy guerra.

Soy vergüenza,
mezquindad,
soy sincero,
soy verdad.

Yo soy yo mismo,
yo soy el otro.
Soy los dos a un mismo ritmo.

Soy cerebro (machacado),
soy cerebro (aturdido),
soy Velázquez,
yo soy listo,
soy Machado,
yo soy Cristo.

Soy pecado,
soy capaz (¿de qué?),
soy demonio,
soy rapaz,
soy el bien,
soy el mal.

Soy ladrón,
soy dadivoso,
soy macabro,
soy gracioso,
yo soy hombre,
yo soy oso.

Yo soy alma,
yo soy bueno,
soy serpiente con veneno.
Soy cristiano del concilio,
soy Fernando,
no soy Emilio.
¡Qué rabia! Un no en mi escritura.
Bueno, qué más da;
al fin y al cabo, soy criatura.

Soy montaña,
soy abismo.
Yo soy yo.
Yo soy yo mismo.

PENSAMIENTOS

VIDA

La vida es como poesía,
verso y verso han de rimar.
Hay veces en que sonríen,
otras tienen que llorar.
A ti, cuerpo y alma,
vida mía, nunca
te dejaré de amar.

MUERTE

La muerte son los versos
que nos harán llorar.
Mas dame, vida mía, un beso,
que de esta pobre poesía
ya me he yo de marchar.

CONCLUSIÓN

Vida y muerte es pasajera.
¡Hombre!,
ama a tu compañera
y déjate un poco amar.

REPIQUE DE CAMPANAS

Campanas que tocan a muerto
una tarde en la iglesia santa
me hacen pensar muchas cosas
de un futuro que algún día
se acercará a mi ventana.

Ese día que no llegue,
que no quiero ver la muerte
clavada con su guadaña
de sangre de mujer mala
sobre mis pechos y entrañas.

Que no quiero ver la muerte
acercarse a mi ventana,
porque aquella tarde entonces
ya no oiré las campanas.

Un abrir y cerrar de ojos

Si la vida que yo tengo
me llevara a sepultura,
le pediría a los ángeles
una canción de dulzura.

Si la vida que yo tengo
se marchara hacia la tierra,
yo cerraría los ojos
para no verla tan negra,
y sólo abriría el alma,
por si allá en la otra frontera,
me están esperando alegres
y no con el «cuerpo a tierra».

Rosa que engalana

Rosa que engalana,
luz de fuego lento,
rocío de la mañana,
mi solo pensamiento.
Para mí, eso eres tú.

Río de agua apacible,
fuente que nace en la montaña,
raíz de árbol irascible.
Eso eres tú para mí.

VIVIENDO EL DOLOR DE LA DESPEDIDA

Viviendo el dolor de la despedida
y la alegría de un volveré,
espero sujeto a tu vida
que jamás yo dejaré.

Aunque en playas dormidas
de sol, olas y arenas
te encuentres sola, llorosa, quizá con pena,
deja la luna pasar,
que, aunque la luna sea llena,
la alegría de un bello sol
te hará pensar nuevamente,
que, aun sin mar, arena y cielo,
porque todo eso lo eres tú,
mirando solo al cielo azul
no dejaré de decirte te quiero.

SUEÑO DESPIERTO

Sueño despierto.
La calle está llena de muertos,
caras demacradas (es el espejo del alma),
ojos sin visión (no quieren verte, Señor),
almas destrozadas (que no encuentran ya la calma),
de piedra el corazón (¿es que no hay amor?).

De muertos se llenan los pueblos,
podridos de no ver a Dios.

RETRATO

Eso eres tú.
Como arena que en los montes
corre de cima en cima.
Como pequeña golondrina
volando sobre el trigal.
Eso eres tú.
Cuando quieres amar,
eres como rosa en flor,
rayo multicolor,
molino de aspas doradas,
harina purificada,
pan de alegría y quebranto.
Eso eres tú.
Cuando canto, oigo tu voz;
cuando callo, siento calor;
cuando duermo, sueño tus ojos,
tu sonrisa feliz y tu amargo dolor.
Eso eres tú.
Risa y llanto.
Frío y manto.
Rezo y canto de amor.

Solo soy un vagabundo

Los caminos pedregosos,
un aliento, una mirada,
un vivir apenas nada,
unos rezos amorosos.

Un subir a la montaña,
un bajar ya sin aliento,
hablar sin entendimiento
y el ardor de la guadaña.

Una sonrisa de amiga,
un cariño tan profundo…

El sentirse como hormiga
para, pisándote el mundo,
dejar abierta su herida.
Solo soy un vagabundo.

YA

Tarde nerviosa.
Yo fui sombra.
Yo fui nervio.
Frío.
Solo antes lo que ansío,
mi corazón quiere hablar, pero espera.
Otra tarde más que se llevó el río.
Negra mañana.
Yo fui amanecer,
mi sangre, noche.
Húmedo,
de resbalosas lágrimas internas,
mi corazón quiere hablar, pero espera.
No llega.
Tarde inquieta.
Ya llega,
la miro,
se acerca,
me mira,
mi corazón mira y habla, ya no espera.
Después…
Respuesta.
Tranquila tarde, blanca mañana…
¡Dicha eterna!

Solo yo con mi dolor

¿A mí me duele la herida,
o es herida sin dolor?
Es un ¡ay! el que yo tengo,
que es un ¡ay! aterrador.

No me puse medicina,
pues sabía yo que así
no me curaba esta herida,
porque era herida de amor.

La herida es fácil que cierre
si me lo propongo yo,
pero el ¡ay! aterrador
es tan interno, de amor,
que cuando sane la herida…

Solo yo con mi dolor.

GRITO A LA PAZ

Soñando con ilusiones
de esperanzas y de amor,
yo me asomo a los balcones
sangrientos del corazón,
de esa tierra que es maldita
porque la guerra allí entró.
Estalló, porque unos hombres
despiadados y con rencor
deseaban ver sangre
con redoble de tambor,
sin pensar que la mujer
y sus pequeños hijitos
padecerían el dolor
de ver separadas sus vidas,
de ver destrozado su amor.
De ver la sangre de un hijo
al que un día ella dio vida
también con sangre y dolor,
pero un dolor muy distinto.
Aquel fue el del amor;
este, el de la muerte,
tiene su alma en prisión,
sus venas destrozadas,
sus músculos languidecidos,
desgajado el corazón
y el cerebro no responde,

si no es a una oración
al Dios de todos los hombres
que aborrecen el cañón.

Soñando con ilusiones
de esperanzas y de amor,
yo me asomo a los balcones
sangrientos del corazón,
de esa tierra que es maldita
porque la guerra estalló.
¡Abolid todas las armas!
¡Que no se escuche el tambor!
¡Que la pólvora no exista!

Que la humedezca el sudor
del trabajo de esos hombres,
que han padecido el dolor
de ver su tierra maldita
por la muerte y el horror,
y recomiencen sus vidas
con esa nueva esperanza
de que al abrir la ventana
hallen un rayo de sol.

Guerra

Ya no hay lugar.
La tierra está ocupada
de sangre derramada
por aire, tierra y mar.
Solo se oyen lamentos
de guerra, no hay paz.
De lo que fue la ciudad,
quedan solo los cimientos.
Familias destrozadas.
Madres que en estado
esperan el nacer
del hijo de su seno,
que padre no ha de tener.
Niños malformados.
Hijos de la guerra,
productos del placer,
almas destrozadas,
que en oscuro amanecer
habrán de venir al mundo
sin saber jamás por qué.

RECUERDO

Cuando la muerte segó
tu cuerpo desenvenado,
hubo un ángel que lloró
con lágrimas de gitano.

Eran lágrimas morenas
que del cielo chispeaban.
Era Antoñito el Camborio,
que por tu muerte lloraba.

Vinieron del cielo aquí
en una noche temprana,
como si fueran campanas
que repican a morir.

Era noche de rencores,
de envidias y de tragedias;
tenían que sacrificarte,
lo mismo que a los Heredia.

Y allí tu postrer lamento;
allí, Federico, allí.
Junto al agua y en la orilla
de tu río Guadalquivir.

PENSANDO

Voy pasando los caminos
de olivos y de naranjos.
Voy pasando los caminos
de la alegría y el llanto.
Hay caminos que son de piedras
y túneles negros de llanto.
Hay caminos que son de yerba
y luz soleada de encantos.
Hay montañas asequibles
que se ven en lontananza.
Hay senderos imposibles
que están llenos de esperanza.
Hay ríos de aguas sucias,
porque el lodo las abraza.
Hay ríos de aguas tan limpias
que hasta se refleja el alma.
Hay cosas en este mundo
que solo el amor alcanza.

CARTA PARA UNA VIDA

Querido hijo Fernando,
si la felicidad vas buscando
y la quieres encontrar,
vive en paz contigo mismo
y busca la libertad,
que es patrimonio del hombre
de bien hacer y pensar.

Querido hijo, no sueñes,
vive con tu realidad,
pisa fuerte por la vida
sin pisar a los demás.

Piensa que el mundo no es tuyo
y que lo has de ganar,
pero que, si quieres, puedes,
que si tú quieres, podrás
ser el dueño de ti mismo,
que es la única verdad.

Querido hijo, ejercita el pensamiento
del quehacer con frialdad,
maneja los sentimientos, sí,
pero sin ebullición,
que, aunque deshagas tu mente
no te quiebre el corazón.

Querido hijo, que triunfes,
que seas siempre el mejor,
que te esfuerces a tu manera,
que consigas más que yo,
que en tu camino no haya
ni una espina de rencor,
que seas lo que tú quieras,
pero que seas campeón.

Fernando, yo sé que puedes,
que como tú no hay dos.
Que siembres y que recojas
solo depende de dos,
pon tu mente en lo más alto
y un poco de corazón.

Querido hijo, estas letras
que te escribo con amor
léelas de vez en cuando,
siempre con ilusión.
Nunca lo olvides, Fernando.
¡Va por ti, mi campeón!

CONFIRMACIÓN

Como la luna en el cielo
alumbra la noche oscura,
reafirmas con gran anhelo
tus ilusiones más puras.

Llena tu alma de amor,
de sentido, de dulzura,
no pierdas nunca el candor
y destierra la amargura.

Ilusiónate en la vida
del cielo y de las estrellas.
Ahuyenta de ti la ira,
amarra la luna entera
y llévala en tu corazón.
Nunca te quedes sin ella.

Reafírmate en el amor
y trabaja con dureza,
que no te venza el dolor,
ni tampoco la pereza.

Reafírmate en el sentir
de las verdades excelsas.
Reafirma tu sonreír
de una mirada sincera.

Reafírmate, Paula, en ti,
porque eres la más bella.
Te llevo en mi corazón,
por siempre serás mi estrella.

CANCIÓN PARA UNA PUESTA DE LARGO

Vestidita de largo
va la niña por el camino,
comiéndose una a una
las uvitas de su racimo.

Los pájaros le cantan,
y sus alegres trinos
hacen feliz a la niña
con su vestido.

Uva a uva las va tirando
y los pájaros alegres
le van cantando.

Vestidita de largo
va la niña por el camino,
comiéndose una a una
las uvitas de su racimo.

Ve caminando, mi niña,
que la vida es el camino.
Que lo único que arrastres
sea tu largo vestido,
y que los pájaros te canten
un bello y armonioso himno.

Tira uvas de amargura,
quédate con el racimo
de uvas bellas y maduras
para endulzar tu camino.

Vestidita de largo
va mi niña con su racimo
de luces, estrellas y alegres trinos.

REFLEXIÓN

Cuando se mueven los cimientos del alma
y en un instante se pierde la calma
porque no esperas el dolor,
se piensa desde el cerebro
y se sufre en el corazón.
¿Para qué sirve una vida
si la tuya es más de dos?

Sentí un palpitar distinto
al pensar en tu dolor,
fue como algo no vivido,
como si fuera un temblor.

Te quiero tanto, Beatriz,
desde el mismo corazón,
que quiero que siempre lleves
a todo el mundo tu amor,
con esa forma sencilla
con que utilizas tu voz.

Bea, que tú lo sepas,
prefiero perderme yo.
¿Para qué sirve una vida
si la tuya es más de dos?

Canción a Pablo

Llegaste con la mar,
con las olas de la bahía.
Viniste con la mar,
con el sol del mediodía.

Te hiciste con la mar
del amor de los dos,
con olas de espuma
a tu alrededor.

Viniste con la mar
en barca de alegría,
llegaste a la arena
y el sol estaba arriba.

Ya no existen penas,
tu carita es divina.
Nos alegra el corazón,
amor del mediodía.

Pablo, mi alegría de vivir.
Pablo, mi razón de existir.
Pablo, eres sonrisa de amor.
Pablo, Pablo, eres mi corazón.

Aura

Tu mirada es un aura
que circunda mi alma.
Tu sonrisa de espuma
a mi mar trae calma.

De las olas benditas
el azul te rodea,
y aunque seas chiquita,
el aura te besa.

Amor, amor, amor
es lo que siento por ti,
bendita tu sonrisa
que me hace vivir.

Amor, amor, amor
es lo que siento por ti,
mirándote a los ojos
me siento feliz.

ADIÓS

Madre, mujer y alma,
tres cosas unidas que se marchan.
Dos para no volver,
una con la esperanza
de vernos alguna vez,
unidos en lontananza.

Madre, mujer y alma,
tres cosas unidas que se marchan.

Si yo pudiera decir
quédate, aún no te vayas,
que tu dolor aminore,
que yo secaré tus lágrimas,
que tu respirar tan corto
con mi aliento yo alargara.

Si yo pudiera decir
quédate, aún no te vayas,
que tu sonrisa despierta
sonrisas dentro de mi alma,
que tu mirada me alegra,
aunque sé que está cansada.
Si yo pudiera decir
quédate, aún no te vayas.

Madre, mujer y alma,
tres cosas unidas que se marchan.

HACE VEINTICUATRO AÑOS

Hace veinticuatro años
fue por primera vez
que nos reuníamos todos
después de ir y volver.

Se nos va pasando el tiempo,
las caras no hay más que ver,
y las canas y las calvas
nos afloran por doquier.

Y van pasando los años
y nos vemos otra vez
pa' liar un cachondeo
como hace treinta y tres.

Siempre seremos los mismos,
unos gamberros tal vez,
que nos dio por la locura
de reunirnos una vez al año,
y por diciembre.
¡Qué friolera de mes!

Ya vamos sintiendo el frío,
nos apetece un café
y bebemos mucho menos.
¡Ya no somos los de ayer!

Pero ya van veinticuatro
y aquí estamos otra vez,
para decirnos pamplinas
y alguna que otra sandez.

Besos, abrazos, recuerdos.
A pagar y a comer,
que la tarde se hace corta
y comienza el *chansonnier*.

Y luego ya lo del Popi,
que decidido esta vez,
ya veremos quién lo coge
y se alegra de tener
ese «curilla» en su casa.
¡Qué gran recuerdo para él!

Sea como sea, amigos,
aquí estamos otra vez.
¡Brindemos por el futuro!
Así sea. Amén.

EN LA ESTACIÓN DE ATOCHA

Pasa la gente con sus maletas
y me distraigo y sonrío.
Veo toda clase de personas
con paquetes y carritos.

La gorda con bolsa al hombro,
el niño que va dormido,
la que regaña a la abuela
y también a su marido.

El de camisa de flores,
que es solo para el estío,
y aquel de las piernas blancas
que a la playa aún no ha ido.

Embarazada muy gorda,
que además lleva tres niños
y un carrito con diez bultos.
¡Sudando lleva al marido!

Otro va muy elegante,
con corbata, bien vestido,
y en su mano un portafolios.
Anda deprisa y erguido.

Pasan familias completas
y va solo y triste un niño,
al que sus padres esperan
porque en junio ha suspendido.

Se ven los que se sonríen,
otros que pasan dormidos,
otros que toman un güisqui
esperando su destino.

La estación es una jungla,
cada cual por su camino,
cada cual con su maleta,
cada cual a su destino.

Espera, sale mi tren.
Ya me voy, dejo mi sitio.

DESDE EL TREN I

Las nubes se acercan a la vía,
aunque no me amenazan.
Se abren y veo el cielo.

El sol del atardecer
ilumina mi vista.

Los olivos están repletos
del verdor de la vida,
y la tierra mojada
el campo vivifica.

Los rebaños se alegran,
la luz casi se atisba.

La lluvia ha cesado,
el sol casi se duerme.

Campos mojados,
olivos verdes.

Vida, vida.

DESDE EL TREN II

Voy por los caminos de hierro
de norte a sur, y tú me hablas
con pensamientos cetrinos.

Tu mente es mi alivio.
Tu corazón, mi delirio.
Tu mirada, mi guía de niño,
para andar por los caminos
de una vida que es difícil,
mucho menos si es contigo.

Eres remanso de amor,
como pacífico río.
Eres tormenta y calor,
cuando estamos muy unidos
y nuestros cuerpos se enlazan
entre suspiro y gemido.

Eres la estrella del cielo
que yo mismo he elegido,
para volar con tu luz
hasta el final del camino.

DESDE EL TREN III

Rápidas visiones inconcretas
de sol, de luz, de sombras
van recorriendo mi ventana.

Mis ojos se alarman,
ahora árboles,
ahora almas.
Bajo el cielo, con templanza,
la llanura, el monte,
la aridez, el verde esmeralda,
con jardines de esperanza.
El sol atraviesa mi ventana,
las catenarias pasan y pasan,
el verdor sigue.
Continúa la esperanza.

DESDE EL TREN IV

Otra vez voy en el tren
y otra vez la misma imagen,
andaluces de Jaén
con tus olivos tan grandes.
Voy pasando entre ellos
y el verdor llena mi sangre.

Andalucía, Andalucía,
qué bien que todo lo haces.

Desde el mar a la montaña,
de la aridez a tus valles,
desde la nieve hasta el sol
o la arena de tus mares.

Andalucía, Andalucía,
qué bien que todo lo haces.

Paseando tus riberas,
o rodeando tus lares,
o cantando en primavera
entre olor de azahares.

Andalucía, Andalucía,
qué bien que todo lo haces.

Cuando ya llega la noche
y tu luna ya riela,
cuando ya se marcha el sol
y yo miro tus estrellas,
Andalucía, Andalucía,
hasta la noche en ti es bella.

OLIVOS

Olivos y olivos
la llanura alcanzan.
Aceituna andaluza,
fruto del alma.

Arboleda que encierra
vida milenaria,
troncos de zumo
de árida planta,
fruto de siempre
que el amor alcanza
y en las arterias fervientes,
circulando amansan.
Aceituna del árbol,
verde esperanza.

AL AMANECER

Cuando vuelvan los sentimientos
y tu alma llore el olvido,
me encontrarás vagando sin ti,
como pájaro herido.

Clamará tu corazón por mí,
tus lágrimas no tendrán respiro,
mojarán tu cara, tus pechos,
tu cuerpo y tus sentidos.

Pero yo ya no estaré,
ya me habré ido, buscando
otro amor, otra sonrisa,
otro olor, otra caricia,
otro mirar, otra alegría,
otra forma de ser
quizás más sencilla,
que dé a mi corazón
esos momentos de albricia
que tú quisiste perder
por ser, quizás, egoísta.

Al volver los sentimientos,
allá en la lejanía,
nuestro amor ya estará muerto
al amanecer de un día.

VIVIR POR VIVIR

Vivir por vivir no es nada,
vivir así no da la calma,
porque es vivir sin amar
a un amor dentro del alma.

Vivir por vivir no es nada,
hay que ser siempre feliz
y tener en la mirada
una caricia de amor
y estar muy enamorada.

Vivir por vivir no es nada,
sin sentir que el corazón
se te rompe, con un sueño
de la persona amada.

Vivir por vivir no es nada,
es comenzar a morir
sin una dicha esperada.

Vivir por vivir no es nada,
hay que romper con el mundo
y sacar fuerzas del alma,
si es que de verdad se quiere
ser feliz una mañana.

Vivir por vivir no es nada,
hay que olvidar el ayer
y pensar en el mañana,
hay que romper con el mundo
y sacar fuerzas del alma.

Te necesito

Si tú te vas de mí,
me iré junto a las estrellas,
y le preguntaré a ellas
cómo puedo vivir así.

Si tú te vas de mí,
iré vagando en el cielo,
preguntando con anhelo
cómo puedo vivir así.

Si tú te vas de mí,
lloraré por las esquinas
de los montes y colinas,
hasta encontrarte allí.

Si tú te vas de mí,
dejarás mi alma dormida.
Si tú te vas de mí,
se me acabará la vida.

Y POR QUÉ TE DIGO ADIÓS

Y por qué te digo adiós,
tanto como te quería
y tan grande era mi amor.

Y por qué te digo adiós,
si todavía nos queremos
y es tan grande nuestro amor.

Por qué te digo yo adiós…
Quiero vivir, vida mía,
lo real de mi ilusión,
sintiéndote siempre al lado,
corazón con corazón,
dando vida al pensamiento,
rienda suelta a la pasión
que diera fruto temprano
a nuestra luna de amor.

Vivir lo que hemos pensado
en tantos días de dolor,
de lucha, de desazón,
de temblores en las venas
y arritmia del corazón,
de miradas sin ver nada
y otras de mucho amor
con lágrimas en los ojos

que regaban nuestra unión,
con nuestras luchas internas
que al final nos dijo no.

Me siento dentro de ti,
te llevo en mi corazón,
pero la ola del mundo
distintas playas me dio.
Aun sintiéndonos tan cerca,
siendo tan grande este amor,
esperé la luna llena
y esa luna no llegó.
Esperé una primavera
y nunca llegó esa flor.

Por eso, aunque no quisiera,
con gran ardor en mis venas
y fuego en mi corazón,
por eso, aunque no quisiera,
mi vida, te digo adiós.

SOLEDAD

Soledad, ¿dónde estás?,
me preguntaba.
Y ahora que estoy sin ti,
con el alma maltratada,
sé lo que es la soledad,
la soledad sin ventanas,
sin ese brillo de sol
que alumbraba mis mañanas.
La soledad eres tú,
y la tengo sin buscarla.

Sólo sé que te encontré
un día ante mi mirada,
y tu sonrisa y tus ojos
lograron cambiar mi ser
y darle un vuelco a mi alma.

La soledad eres tú,
que has maltrecho mis entrañas,
que me has amado sin fe,
sin saber por qué me amabas,
mientras yo ponía en ti
un amor que te adoraba,
un fuego ardiente de leñas
que jamás se me apagaba,
mientras tú, con tus reservas,

un sí hoy y un no mañana,
escondías un fuego eterno
que después solo eran ascuas.

Ese amor ya no me sirve,
prefiero estar solo al alba,
solo con mi soledad
y la luna que se marcha.

Puede que llegue otro sol,
o quizás nunca lo haya.
Solo quiero la verdad,
que era lo que buscaba
y encontré la soledad
de medias mentiras habladas.

Puede que llegue otra luna
o quizás nunca la haya

Déjame en mi soledad,
aunque no la deseaba
Prefiero vivir sin ti,
mi soledad me acompaña.

QUISIERA

Quisiera que llevaras
mi vida junto a ti,
amarrada a tu cintura
hasta el día de morir.

Quisiera que palparas
mis latidos de vivir
y que sintieras mi alma
toda entera para ti.

Quisiera que con ternura
vivieras mi sinvivir
y que las caricias tuyas
fueran mi principio y fin.

Quisiera vivir el cielo,
si tú lo quieres vivir,
que no hay cielo más bonito
que estar siempre junto a ti.

Quisiera que me quisieras
como yo te quiero a ti.

Para siempre

Si me necesitas,
llámame,
Si alguna vez sientes el dolor de la ausencia,
llámame.
Si alguna vez te encuentras sola,
llámame.
Si no te late el corazón,
llámame.
Si ves lágrimas en tus mejillas,
llámame.
Si suena un timbre y no soy yo,
llámame.
Si tu cuerpo no huele a mí,
llámame.
Si tus pelos no se enredan en mis dedos,
llámame.
Si tus ojos no brillan,
llámame.
Si piensas como yo pienso,
llámame.
Si te duele el alma,
llámame.
Si sientes lo que yo siento,
llámame.
Si la leña no huele a invierno,
llámame.

Aunque no sea para amarte,
llámame.
Si me necesitas,
llámame.

NI SIQUIERA ERES DEL AGUA

Si yo fuera sol, alumbraría
el agua del mar hasta secarla,
para que, al meterte en ella,
no te salpique a las piernas,
ni te mojes las espaldas,
ni se te humedezca el pelo,
ni te gotee en la cara.
Ni siquiera que te veas
en el espejo del agua.

Solo quiero que te mires
en el cristal de mi alma,
porque tú solo eres mía,
y te mojarán mis lágrimas,
y te llenaré de risas
ese pelo y esa cara,
y el sudor de estas dos manos
te mojarán las espaldas.
Porque tú solo eres mía,
ni siquiera eres del agua.

ESTA MAÑANA PLANTÉ

Esta mañana planté
tres naranjitos en flor,
a uno le puse tu nombre,
que tenía una naranja
fruto de nuestro amor.

Esta mañana planté
tres naranjitos en flor.

El de tu nombre más cerca,
donde siempre lo vea yo.
cuando salga, cuando entre,
cuando me asome al balcón,
cuando esté triste o alegre,
cuando esté rezando a Dios,
cuando te miro y te veo
dentro de mi corazón.

Y cuando pasen los meses
y te lleve yo una flor,
o quizás un fruto nuevo,
fruto de mi gran amor,
recordaremos callados
que esta mañana planté
un árbol para los dos.

EN SOLEDAD, CONTIGO

Cuando estoy solo, pienso en ti,
tu sonrisa me persigue,
tu mirada me atraviesa,
y así no puedo vivir.

Cuando estoy solo, huelo a ti,
a tu piel, a tus caricias,
a tu forma de decir,
a tus traviesas palabras
cuando me quieres a mí.

Cuando estoy solo, mi vida,
todo me sabe a ti,
porque quiero estar contigo,
y así no puedo vivir.

Te quiero toda a mi lado,
toda entera para mí.
Por eso, me duele tanto
que así no puedo vivir.

Quiero mirar tus ojos,
que estén muy cerca de mí,
quiero besarte, amor,
y hacerte siempre feliz.

Si me miras a los ojos,
y tú me dices que sí,
así, amor de mi vida,
así, sí podré vivir.

En el silencio

La mirada de tus ojos
se me clava noche y día.

Cuando tú no estás conmigo,
y me faltan tus caricias,
cómo recuerdo tus besos,
que son rosas sin espinas
de unos labios con amor
que siempre me darán vida.

Cómo en las noches cerradas
veo alegre tu sonrisa,
y el palpitar de tu cuerpo
cuando mis manos acarician
esa piel limpia y serena,
como el agua cristalina.

Veo en las noches cerradas
que te acercas, que te vas,
pero que no tienes prisa.
Con tu edad no hay que tenerla,
te queda toda una vida.

Pero la mía…

La mía sé que es más corta
y que quiero yo vivirla,
con esos ojos clavados
dentro del alma mía,
y con un beso de amor,
y también con tu sonrisa.

Eres tan joven…
Por eso, no tienes prisa.

Deseo

Te lo quisiera dar todo
y lo sé.
Aunque esté en un abismo,
te lo quisiera dar todo
y lo sé.

Siempre lo mismo.

Eres estrella en mi ser,
alegría en mi organismo,
eres dulzura y placer.
Te lo quisiera dar todo
y lo sé.

Siempre lo mismo.

Por iluminar mi cielo,
por mirarme con anhelo
y silenciar tu saber.
Te lo quisiera dar todo
y lo sé.

Siempre lo mismo.

Aunque me muera sediento,
queriendo ser avariento
del agua de tu querer.
Quisiera dártelo todo
y lo sé.

Sé tantas cosas de ti,
de ti y tus pensamientos,
que deseo vivir contigo,
contigo y tus sentimientos.

CINCO AÑOS

Parece que fue ayer
cuando llegaste a mí.
¿Te acuerdas?

Te sentaste, me miraste,
te miré, te pregunté,
esbozaste una sonrisa
y comenzamos a hablar
los dos sin ninguna prisa.

Estabas un poco nerviosa.
¡Eras casi una chiquilla!

Me mirabas, y sentía
algo tan especial,
que mi corazón decía:
«nunca te has de marchar».

Han pasado cinco años,
y te quiero agradecer
que estés aún a mi lado
para poderte querer.

Que, aunque tú por fuera digas,
y digas a los demás,
yo sé lo que los dos sentimos
y sentimos de verdad.

Gracias por los cinco años,
gracias por querer estar
junto a este viejo loco
que, sin ti, no puede andar.

Gracias por los cinco años,
gracias, mi niña, gracias.
Deseo sean muchos más,
con menos espinas que estos
y teniendo tu mirar.

Que tan solo seas mía,
como decía el cantar;
que el agua que a ti te moje,
yo la tengo que secar,
porque tan solo seas mía,
mía y de nadie más.

CARTA DE UN AMOR PARA SIEMPRE

Sintiendo lo que yo siento,
es muy difícil vivir,
solo con el sentimiento
y no teniéndote a ti.

Sintiendo lo que yo siento,
nunca podré arrepentir
de querer como te quiero,
pero sí de estar así.

Te veo tan dentro de mí
y oigo tus pensamientos,
tu corazón oigo latir,
y me trae tantos recuerdos,
que nunca podré decir no
al amor que yo te tengo.

Que te enteres de una vez:
es sano mi amor, sincero,
que no habrá en esta tierra
hombre que para ti desee
lo que yo deseo de veras,
que piense lo que yo pienso,
que como yo a ti te quiera.

Deseo para ti lo mejor,
para ti mi vida entera.

Que seas feliz
junto al que tanto te espera;
que decidas de una vez
romper con tantas barreras;
que se caigan las espinas,
que se acaben las esperas,
que seas capaz de decir
mi vida para ti entera.

Que sepas que en el amor
no hay edades que entorpezcan
que ese amor se realice,
cuando ese amor es de veras,
que tu corazón entienda
que mi amor es el más grande,
que pueda sentir cualquiera,
y que es todo para ti,
para ti, cuando tú quieras.

Te lo he dicho tantas veces,
que no sé de qué manera
podré decirlo otra vez,
para que tú lo comprendas.

Te deseo tanto, mi amor,
te sueño con tanta fuerza,

que no puedo estar sin ti
ni una mañana siquiera.

Que voy a romper con todo
por tenerte junto a mí,
y si así eso no fuera,
prefiero morir, mi amor,
prefiero morir, de veras.

ASÍ SOY YO

¿Tú te crees que eres buena?
Es que lo eres, mi amor.
Eres luna en primavera
para un otoño,
primor de flores en flores
con multiesencia de olor,
negrura de noche incierta
que va clamando su luz,
amanecer de una vida
en la que te encuentras tú.
Pides, exiges, lloras
y sonríes sin acritud.
Tus ojos tiemblan a veces
y otras miran al azul de un cielo,
con nubes negras de azabache, lentitud.
El mar, el cielo,
las nubes, la enfermedad,
la alegría, la salud.
Todo eso, y mucho más,
todo eso eres tú.

AMOR A MEDIAS

Si el amor que tú me diste
nunca fue el suficiente,
quiero volver a ser yo
con la fuerza de mi mente.

Si el amor que tú me diste
se te ahogó en el camino,
quiero sentirme otra vez
dueño de mi destino.

Si el amor que tú me diste
lo quisiste compartir,
yo no quiero nada a medias,
pensaré tan solo en mí.

Si el amor que tú me diste
no era pura realidad,
miraré siempre adelante,
nunca la vista hacia atrás.

Si el amor que tú me diste
era pura fantasía,
no quiero cuentos de hadas
que se leen en un día.

Si el amor que tú me diste
lo has querido terminar,
no creas que he fracasado,
solo yo te sé amar.

Aunque tú lo hayas querido
y parezca esto un fracaso,
quizás por los años míos,
porque creas que es el ocaso,
tengo fuerza y juventud
en el cuerpo y en el alma,
aunque no lo creas tú.

Tengo fuego y tengo calma,
y tengo profundidad,
para querer y querer
sin pedir nada jamás.

Pensaré tan solo en mí
y en la que me quiera amar.

ME PUEDE LA VIDA

Me puede la vida,
disfruto el amor,
me siento gitano
y algo pescador.

Necesito el silencio de las olas
y el hablar de la guitarra.

De la mujer, la esperanza,
el encuentro al despertar,
el beso de medianoche,
la mirada sin mirar,
concupiscencia serena
que el amor a veces da.

Yo necesito muy poco,
me conformo con la mar,
con una buena guitarra
y mujer con quien soñar.

Yo necesito tan poco…
Sólo necesito amar.

AL VUELO DE UN PÁJARO

Nunca puede llorar
el pájaro que vuela,
que despliega sus alas
y mira sobre la tierra.

Nunca puede llorar
el pájaro que vuela
y observa desde su altura
amapola y primavera.

Nunca puede llorar
el pájaro que vuela,
que no siente su dolor,
porque el viento lo remedia.

Nunca puede llorar
el pájaro que vuela,
que está pensando en su nido
cuando ve la sementera.

Nunca puede llorar
el pájaro que vuela,
que siente sobre su cuerpo
el calor de las candelas.

Nunca podrá llorar
el hombre que ilusión tenga,
aunque la vida sea corta,
aunque la muerte esté cerca.

La ilusión te da la vida,
y la vida que es eterna
rompe siempre la guadaña
de las lanzas y las rejas.

Hombre y pájaro,
volad, volad.
¡Volad siempre sin frontera!

IMPOSIBLE

Si de la noche pudiera levantar la cortina,
si a la noche pudiera arrancarle estrellas,
si la luna se quedara en la tierra,
mandaría formar un baile.

Yo bailaría con ellas,
yo me vestiría de negro (para parecer más noche),
le pediría el carro al cielo
y me pasearía corriendo desbocado por los aires.

Cerraría los ojos (todo sería oscuridad)
y viajaría hasta el infinito.

Llegaría ante Dios
y le pediría perdón,
porque le robé carro, luna y estrellas.

Era solo un sueño.
Abrí los ojos y todo era tierra,
tierra mojada, eso sí, porque era invierno.
Pero solo tierra.

LA VIDA

El pensamiento se vuelve contra uno
sin pensar en los sentimientos.
Más vale un corazón puro
que un pellejudo cerebro.
¿Qué sabrán esas neuronas
de verdad y entendimiento?
¿Es la vida sensación?
¿Es percepción o es sueño?
¿Es realidad diaria?
¿Es vida la de aquel muerto?
La vida es el caminar
de todo el que tiene un sueño,
que si lo logra alcanzar,
ve cumplidos sus anhelos.
La vida es un caminar,
una andadura hacia el cielo.

ZIGZAG

Soy nube que lleva el viento
sin oponer resistencia.

Soy ola que bate el mar
vez y vez sobre la arena.

Soy luz y noche también
con mi inquietud e impaciencia.

Soy el viento del desierto
que voy levantando arena
y a veces lanzo a mis ojos
causándome la ceguera.

Soy como rayo en el cielo
que doy luz y a veces quema,
a veces soy agua fría
y voy helando mis venas.

Sobre todo, soy yo
sin oponer resistencia.

Soy bravo río de amor.
Yo soy, yo y mi conciencia.

VERSOS DEL AÑO NUEVO

Al amanecer,
estaré contigo, mi amor.
Y podré decirte, como a las olas,
ven y moja mi arena.

Tu espuma llenará mi corazón
y las estrellas se irán.
La luna y el sol se besarán.

Está amaneciendo.
Ha nacido un nuevo día.
Ha nacido un nuevo año.

VEINTE DE DICIEMBRE

Está amaneciendo.
No hace frío.
Es el último día de otoño
y me recuerda el estío.

La calle desierta, la playa solitaria
y llena a la vez: sol, agua, arena…
El sol, lleno de amanecer en lontananza,
me envenena de fuerza superior.

La mar. ¡Ay, la mar!
Si por mí fuera,
andaría y andaría sin parar por ella
hasta llegar al sol.

La arena, limpia y pura,
bañada por la espuma de una mar serena,
se siente halagada por sus besos.

Es el último día de otoño.
Mañana será invierno.

VARIEDAD

Si todos los caminos fueran iguales,
no existiría ida y vuelta.

Si todos los mares fueran mansos,
no existirían rocas donde frenar las olas.

Si todos los ríos no fueran a la mar,
no existiría la tierra.

Si el cielo no cambiara de color,
no existiría el universo.

Si todos los hombres fuéramos iguales,
no existiríamos ninguno.

Los caminos de la vida
son múltiples y variados.

Los ríos con agua dulce
se mezclan con lo salado de los mares,
que ruidosos o callados
dan al cielo su vapor,
que alado sube y la tierra baña.

Los caminos de la vida
son múltiples y variados,
pero el ciclo se repite.
No, no estamos engañados.

SOLEDAD SIN COMPAÑÍA

Sintiendo la soledad
de un mundo lleno de gente,
tu interior te pide paz
de una forma tan ardiente
para poder controlar
lo que no es inteligente.
El terror, el odio, el dolor,
la penuria de las mentes,
los sinsabores diarios
de aquel que tienes enfrente.
El desamor cotidiano.
La herida de aquellas manos
cansadas de trabajar
sin resultados ufanos.

Quiero paz en soledad,
quiero paz dentro de mi alma,
necesito de esa calma
que da la templanza humana.
Despertar una mañana
y ver mi rostro en el cielo
al mirar por la ventana.
Miraré, sí, miraré,
y allí estaré, en mi montaña.

Sigo sintiendo el mar cerca de mí

Sigo sintiendo el mar cerca de mí,
y mis mejillas se humedecen.
El cielo me abruma
con sus espesas capas de nubes.
Las olas, que se unen al baile,
me hacen mover el cuerpo con ritmo.
El cielo está lejos,
yo estoy aquí mismo.
El cielo está lejos.
¿Estará cerca el abismo?

SIENTO UN PLACER EXQUISITO

Siento un placer exquisito
cuando la lluvia me moja.
¿Es que sigo siendo árbol
al que humedecen sus hojas?
Las ramas entumecidas,
las raíces encharcadas
aguardan la primavera
con flores en la mirada.

Y me asomo nuevamente
a la ventana del tiempo,
y la lluvia cae y empapa
las venas del sentimiento.

Bendita agua del cielo
que reboza mis veneros,
que tranquiliza la neura
que nos da el paso del tiempo.

Bendita agua que llega
a poner mi campo nuevo.

SI EL AMOR NO EXISTE

Si el amor no existe,
¿por qué se persigue con ahínco?

Si en la tristeza y la alegría
somos nosotros mismos.
Si la vida de día nos busca,
y de noche la muerte lo mismo.

Si cuando sí, o cuando no,
somos más íntimos,
¿por qué buscamos el amor con delirio?
Si cuando estás solo eres tú,
si el cielo sin nubes es más azul,
si cada persona siente su calor o su frío,
¿por qué buscamos el amor como destino?

¿Por qué buscas el amor,
si solo, sólo eres tú,
y junto eres dividido?

¿Por qué buscas el amor
si nadie te lo ha pedido?
Quédate solo contigo,
viviendo de día la luz,
y de noche los suspiros.

No busques más el amor,
que nadie te lo ha pedido.
Despierta mirando al cielo,
solo, solo contigo.

SEGUIR

Caminando en la arena
llena de espuma,
mis pies descalzos
buscan la luna.

La marea, con sus olas
plenas de trinos,
dirigen mis pasos
por sus caminos.

Mirando hacia atrás,
veo huellas y sombras
que son aladas,
pero sigo adelante.

La vida es bella.
Cielo, luna, mar, estrellas…

SE VAN CUMPLIENDO LOS PLANES

Se van cumpliendo los planes
que va trazando el destino:
unos caen por los barrancos
y otros siguen sus caminos,
cuando tienen la verdad
como único sentido.

Los malos, porque son malos,
lo tienen bien merecido,
que la maldad nunca llega
a contentar lo vivido.

El bueno, por otra parte,
da por bien lo recibido,
piensa en el más allá
y en la tierra que ha vivido.

En el amor, en la dicha
y en los bienes compartidos,
en los espíritus altos
de los dioses infinitos.

En el hombre, en el saber
de las fuentes y los ríos,

y en un mar lleno de estrellas
con un gran cielo dormido.

Los ríos van a la mar,
los buenos van por los ríos,
los malos caen al barranco.
¡Se han labrado su destino!

Quiéreme, le dije a la luna

Quiéreme, le dije a la luna,
y ella, que estaba llena
de alegría y de ternura,
con sonrisa me miró.
Y su rayo de luz de noche
de delirio me llenó.
La luna llena y yo
caminaremos juntos
una noche entera,
buscando el sol.

PORVENIR

El silente dolor que tú padeces
no lo mereces.

Como si un monte caliente
te envolviese.
Mares de peces.

Como si el cielo desciende
y nubea tu ser.
¡Valiente leche!

¿El porvenir dónde está?,
te preguntas noche y día.

El futuro eres tú,
con tus penas, alegrías,
sinsabores y desdichas.

El porvenir eres tú,
porque estás en esta vida,
situando tu cerebro
en la línea de salida

Hay que mirar a la mar.
Hay que mirar hacia arriba.

PÉTALOS

Una flor que yo te di
se te rompió con el tiempo
y sus pétalos dolidos
se marcharon con el viento.

Fui caminando el carril
con su monte de cimiento
y fui pensando en la flor
dados mis conocimientos.

Pétalos encontré
en todos mis movimientos
y los fui yo agrupando
con todos mis sentimientos:
la alegría, el dolor,
la dicha, el resentimiento.

Formé para ti una flor
que ocupa mi pensamiento.

Flor con determinado olor,
flor de colores intensos,
flor de sangre, flor de fuego
y de caminos dispersos.
Flor de pétalos reunidos
y alumbramientos eternos.

NACE LA LUZ Y NACE EL MAR

Nace la luz y nace el mar,
muere la luz y sigue el mar,
el mar, la mar,
el día, la luz.

Palpo al despertar
la luz, la mar.
El alba es luz,
el agua, mar.
La arena, el alma,
la mar, el alba.
Agua, arena, luz, paz.

Miro al cielo y me voy durmiendo

Miro al cielo y me voy durmiendo.
Es de día, las nubes me van comiendo.
Sol no hay, y voy sintiendo
frío en el alma.

Los sentimientos que me arrastran
hacia el abismo son los mismos:
la soledad, el cansancio, el silencio.
Se hace de noche, me abruma el tiempo.

MIRÁNDOME AL ESPEJO

La luz de tus ojos
me llena de alegría.
Me miras y creo en ti
cuando me miras.

Veo limpia tu mirada
al amanecer el día.
De noche, un poco cansada,
pero todavía brilla.

Veo la luz de tu alma
en tu mirada sencilla.
No la cambies por reproches,
sigue siendo tú la misma.

IDA Y VUELTA

Hemos de andar por la vida
sintiendo las soledades
de aquellos que, por no moverse,
ejecutan las maldades.

Los sinsabores de aquellos
que, lejos de trabajar,
aprovechan los resquicios
para siempre malversar.

Las trampas que, silenciosas,
lanzan sobre los demás
con palabras engañosas.
¡Siempre tiran a matar!

No es esto un jardín de rosas,
esto ya es otra cosa.
El mundo da marcha atrás.

EL SENTIMIENTO ME APRIETA

El sentimiento me aprieta
las llagas del dolor
y, sin embargo, prefiero
cantarle siempre al amor.

Declararme querido,
aunque piense que sea mucho,
es lo que siempre he vivido.

El dolor apaga la llama,
pero los amores vuelven
al despertar la mañana.

El amor que siempre es bello,
te hace zigzag en el alma
con deslumbrantes destellos.

El amor por el trabajo.
El amor por las estrellas.
El amor que bajó del cielo
y que florece en la tierra.

El amor por los demás,
el amar sin diferencia
de religión o cultura,
ni de sexo tan siquiera,
que el amor nace del alma
y el alma no tiene esfera.

Amar por amar se entiende
como la cosa más bella.
Dar sin hacer apuestas.

Amar con amor valiente
sin esperar la respuesta,
que el amor que espera algo
siempre se va por la puerta.

El amor puro, del alma,
ese, ese no tiene espera
y se da porque se da.
Ese se le da a cualquiera.

EL AMOR ES COMO EL AGUA

El amor es como el agua,
que llevan los ríos a la mar,
o lo encauzas, o lo embalsas,
o del alma se te va.

La tormenta lo desborda
y anega lo inesperado,
que debe fructificar,
destrozando cuerpo y alma,
y las flores se nos van.

El amor que se desborda
y no se puede embalsar
camina por los caminos
que no debe caminar.

Vaya él por donde vaya,
siempre volverá a la mar.

EL CIELO QUE ALIMENTA MI ALMA

El cielo que alimenta mi alma
me dice que me quede.
¡No te vayas!

El cielo que observa mi calma
me pide continuar la batalla.

El sol da brillo a mis ojos
y calor a mis entrañas.

La luna riela sobre mi cuerpo
y lo expande de luz clara.

La noche oculta los miedos,
porque ya no se ve nada.

Los pájaros en sus nidos
me observan, ríen y cantan,
mientras yo, mirando al cielo,
continúo en mi batalla.

SIGO PENSANDO Y PIENSO

Sigo pensando y pienso
quién soy yo en estos momentos.

Soy cuerpo y alma,
solo alma,
solo cuerpo.
Solo vivo,
vivo y muero.

Siento, no siento.
Tengo dudas o no tengo.
Todo es relativo.
¿También el pensamiento?

DUDAS

La relatividad del tiempo
calibra mis dudas.
No sé si tengo o no tengo,
si son pocas o muchas.

Corto el teléfono,
me voy a la ducha,
y mientras el agua me moja,
se me despejan las dudas.

Seco mi cuerpo,
vuelven las dudas,
sigo sin teléfono
para no oír voz alguna,
porque al sentirme solo,
relativizo la vida
que conmigo es ruda.

Me siento, pienso
y oigo la lavadora y la música.

Ya no me siento solo,
pero siguen las dudas.
Son pocas, son muchas.
Todo es relativo,
el amor, el odio,

la madera, la viruta,
el barniz, la pintura,
una mirada, un beso
o un golpe en la nuca,
una vida limpia,
una muerte sucia.

A quién le importa
el saber o la ignorancia,
la altitud de miras
o la bajeza de hechos.

A quién le importa
si existe suelo o techo,
si cielo o infierno.

A quién le importo yo.
Quién tiene sentimientos.

CUMPLEAÑOS

En un día pasa un año
y siempre ocurre en enero.

Puede que dañe la piel,
nunca los sentimientos.
El alma sigue con luz,
las arrugas son del cuerpo.

En un día pasa un año
y siempre ocurre en enero.

Puede que tú te observes
día a día en el espejo
y sólo veas los pliegues,
porque no miras adentro.

En un día pasa un año
y siempre ocurre en enero.

Recuerda aquella mar
y no te olvides del cielo,
ni de aquella agua bendita
de los antiguos riachuelos.

En un día pasa un año
y siempre ocurre en enero.

Irán pasando los días,
los meses y un año entero,
y otra vez podré escribir,
volveré a decir de nuevo:
en un día pasa un año
y siempre ocurre en enero.

Hediondo

Cuando la mierda
te llega a los hombros,
aunque parezcas muy tierno
y tus ojos miren al cielo,
tu cuerpo olerá a infierno
¡Hediondo!

Cuando la mierda
ciegue tus ojos
y no puedas ver el cielo,
serán tu cuerpo y tu alma
los que olerán a infierno.
¡Hediondo!
Limpia tus pensamientos.

Cuando la hoja cae en otoño

Cuando la hoja cae en otoño
del árbol que floreció en primavera,
de toda dirección llegan
ese rencor y ese odio
que te lleva frioleras,
que te hace el cuerpo romo,
y tu alma desespera.

Ya no eres lanzadera
de alegrías, ni de esperas,
ni río de sentimientos,
ni de largas primaveras.
Ya eres puro reproche
desde la izquierda a derecha.

Ya eres hoja de otoño.
¡Que te pudras cuando puedas!

CUANDO SE VAYA LA VIDA

Cuando se vaya la vida,
cuando yo me haya muerto,
que no me busquen allá,
ni en el cielo, ni el infierno.

Buscadme entre los hombres y mujeres
que quisieron darme su amor un día
y que luego me perdieron.
Entre ellos está el cielo,
y también está el infierno.

Les di lo que poseía.
Mirada de azul de cielo,
verde mar, del que espera,
y amor espeso de anhelo
para todo él que quisiera.
Di todo lo que tenía
y fui el que nada espera.

Soy el que, con recuerdos
llenos de mares y estrellas,
espera ya en esta orilla,
que el agua que me refresca,
me lleve a los corazones
de aquellos que me recuerdan.

No me busquéis en el cielo,
me encontraré en la tierra,
entre los que me quisieron
y que todavía me quieran.

Asómate a la ventana,
mira fijamente al cielo
y verás siempre una estrella.

Mientras la luz brille,
yo estaré allí,
en las noches de la tierra.

Nada se va, ni se queda.
Todo está en el pensamiento
y en el alma, que es eterna.

CANSANCIO

No perdona la noche el silencio
ni el verbo fácil de las copas.
La palabra ha muerto,
nada tiene sentido.

Me voy acobardando en mí mismo
y los misterios me asedian.
Yo me siento igual,
pero sin abrigo.
Todo es absurdo o distinto.
Los días son noches,
y las noches abismos.

Yo soy igual, me siento igual,
pero no soy el mismo.
Esperando la libertad
del mar y las estrellas,
veo que no existe.

Mi alma está presa de sinsabores
y mi cuerpo lleno de heridas.
El dolor me invade.
Siento el principio del final,
o el final del principio,
casi sin haber vivido.

La luz se apaga en mí,
como si no hubiera existido.
No entiendo a los demás,
ni a los odiados, ni a los queridos.

¿Qué quieren de mí?
Esclavitud, servicio,
amor, deseo, belleza,
desperdicio, recuerdo eterno…

No entiendo nada.
No sé lo que quieren de mí,
pero yo ya no soy el mismo.
¡Lo han conseguido!

AUTORRETRATO

Ojos brillantes que miran al horizonte.
Verdes que os quiero verdes,
os quiero siempre brillantes
mirando a la mar o al monte.

Mente fresca y reluciente
que nunca buscas tinieblas,
porque encuentra el sol naciente.

Corazón denso, aparente
por las barreras que pones,
pero siempre se estremece
con la mirada de un niño
o con un beso en la frente.

Ojos brillantes que miran.
Verdes que os quiero verdes,
siempre mirada profunda,
siempre mirando de frente.

AUNQUE NO COMPRENDAN CÓMO SOY

Aunque no comprendan cómo soy,
y mi carne se estremezca,
y vea con sentimiento
cómo la noche se acerca,
quisiera crear un muro
para que nadie me viera.

Quiero sentirme solo,
sin soledad tan siquiera.
Quiero sentirme tan mío
que ni yo mismo me vea.

Quiero sentirme, Dios mío,
vagabundo en mi existencia,
que quien quisiera mirarme
viera en mí solo una estrella
de un firmamento lejano,
que su luz apenas llega
porque la oculta otro sol
de un nuevo día que despierta.

Quiero sentirme solo,
solo con mis vivencias,
con las malas y las buenas,

con aquellas de la piel
y con las que dejan huellas;
con las del cuerpo y la mente,
y las del alma hechicera.

Quiero sentirme solo,
sin sol, ni luna, ni estrellas.

Amanece

La luz me apetece.

Al amanecer me asomo
como muñeco invertebrado.

El sol es mi asombro,
se abre sobre el mar
cual bello horizonte
de puertas abiertas.

También sobre el monte.

El día amanece.
El cielo es azul.
La luz me apetece.

A Paco Rabal

Tu voz envuelta en ceniza,
ronca de baco y amor,
ya reposa.

Águila real
recibe tu cuerpo lleno de cicatrices.

Tus matices,
tu semblante de hombre bueno,
tus desplantes,
tus diversos estilos aplastantes.

Locura de amor bajo un almendro.
Águila real: nacido y muerto.

DÉJAME QUE ME QUEJE

Déjame que me queje,
marinero, con las olas.
Déjame que me queje,
¿no estás viendo que estoy sola?

Halconcillo marinero

Halconcillo marinero
que vienes a mi jardín,
enredado entre las ramas
de mis jazmines de olor.

Halconcillo marinero
que vuelas con corazón,
frente al poniente terrero
que sopla a tu alrededor.

Halconcillo marinero
de alas que, sin temor,
buscan y buscan tu presa,
observando con candor.

Halconcillo marinero,
deja la mar un momento
y vuela hacia mi balcón.
Reposa tu singladura
en mis jazmines de olor.

SI LAS FUENTES DE SECARAN

Si las fuentes se secaran,
te miraría.
Si el sol se apagara,
te miraría.
Si las olas no vinieran,
te miraría.
Si las estrellas no brillaran,
te miraría.
Si la vista me faltara,
te miraría.
Tus ojos son mi vida.

Cuatro días

Amanece el día y anochece,
y no te he podido mirar.

Tus ojos resplandecen,
te ilumina la luna
y no te he podido mirar.

El mar baña tu pelo,
que las olas enriquecen
y no te he podido mirar.

Amanece el día y anochece.
Cuatro días sin verte.
Una eternidad.

SENTIR

La vida de sentimientos
es el mejor valedor,
para que los ríos fluyan
dentro de tu corazón.

Sentimiento es todo aquello
que da valor al amor

Una lágrima, una sonrisa,
o un beso, que con ardor
deposito yo en tus labios.

Mi sentimiento es amor.

FELICIDAD, PALABRA QUE VIENE Y VA

Felicidad, palabra que viene y va
según cómo sople el viento
y cómo role la mar.
Que la ola en movimiento
te vare en este lugar de mi corazón,
en el que quieres estar.
Felicidad, mucha felicidad
es lo que yo te deseo
el día de la Navidad.

COMO VIVO PARA TI

Como vivo para ti
con el amor que te tengo,
la vida es realidad
y para mí es un sueño.

Quiero que siempre seas mía,
ser siempre tu dueño,
me sale del corazón
y por eso lo diseño.

Llévalo cerca de ti.
Tu corazón es de ensueño.

TODO

Quiero ser
el amor de tu vida.
Quiero ser
tu amor marinero.
El que te lleve
de mar en mar,
el que te lleve
de cielo en cielo.
Quiero ser tu huida,
quiero ser tu celo,
quiero colmar tu dicha,
quiero llenar tu anhelo.
Quiero ser tu llama,
quiero ser tu fuego,
quiero ser tu luz,
quiero ser tu velo,
quiero que me quieras
como yo te quiero.
Quiero ser
el amor de tu vida.
Quiero ser
tu amor marinero.

AMOR Y FELICIDAD

Si el amor viene del mar
y luego sube hasta el cielo,
tú eres mi única sal,
tú eres mi único anhelo.

Si el amor es como flor
de un naranjo marinero,
tú eres la red de mi amor,
el azahar que yo espero.

Amor y felicidad
es lo que yo te deseo.

Te quiero porque te quiero

Te quiero porque te quiero
con amor de hombre nuevo,
a orillas del mar, que es frío,
o en la montaña, que es fuego.
Te quiero porque te quiero.

Quiéreme siempre, mi amor,
tenme en tu pensamiento.
Quiéreme siempre, mi amor,
aunque vaya pasando el tiempo.

La luna será siempre luna.
El sol siempre será sol.

Siempre

Si los planetas se unen
y el sol está en primavera,
si los planetas se unen
y ven que hay luna llena,
si el amor es plenitud
y la alegría te prenda,
si tus ojos son la luz
y mi mirada la senda,
no habrá nada que prohíba
que rompamos nuestras riendas.

Será como árbol frondoso
con ya raíces prendidas,
que dará sombra a tu sol
antiguo de pasar días.

Pero el amor no es antiguo,
el amor es armonía,
sencillez, dulzura, olor,
besos, coquetería,
masaje de mar en mar
con olas, ¡cómo reías!
Si se unen los planetas
y se aman con alegría,
no te preocupes, mi amor,
siempre nacerá María.

ME DICES QUE ME QUEDE

Me dices que me quede
y te vas como el sol de la mañana.
¿Por qué me dices que me quede?
Te vas y me dejas
preso en tu tela de araña.
¿Es que no sirve la luz?
Es de noche y me llamas.
Yo contesto. Tú no hablas.
¡De qué sirve una mirada!
Será mejor el silencio,
o quizás una palabra.
Ya es de día. No me llamas.
Espero tu amanecer,
porque te siento en el alma.

MEDIA VUELTA

Veo flores a mi alrededor,
las miro y las huelo,
doy media vuelta
y ya están en el suelo.

Mirando el mar inmenso,
me lleno de luz y me sonrío,
doy media vuelta
y ya está vacío.

Voy al monte en la mañana
y está pleno de rocío,
doy media vuelta
y ya está vacío.

Miro al cielo,
veo a Dios y me extasío,
doy media vuelta
y ya está vacío.

SIÉNTATE A MI LADO

Siéntate a mi lado
y deja pasar el tiempo.
Mírame a los ojos
y verás mis sentimientos.

Mi alma, que es cosa tuya,
seguirá su vuelo eterno,
de un planeta a otro planeta,
sin pensar, pero sintiendo.

Tú serás siempre mi niña,
la de los finos cabellos,
la del amor tan profundo
que me eleva hasta el cielo,
la de las manos de seda
acariciando mi cuerpo,
la de la mirada alegre,
que la alegría me dieron,
la de un cuerpo tan hermoso
que los ángeles quisieron
y que solo será mío
en la tierra y en el cielo.

Déjame que yo te mire
por los tiempos de los tiempos,
que las flores del amor

no se mustian en el cielo.
Siéntate a mi lado,
ven y deja pasar el tiempo.

Epílogo

Al alba se vislumbran los primeros destellos del sol naciente, pequeños relampagueos de luz que vuelven después de una negra noche. Comienzan a devorar la negritud, no exenta de ocultismo, y allá en el horizonte los ojos del sol comienzan a desperezarse.

Es un momento distinto, aunque se repita con la frecuencia horaria habitual, distinto en cada estación del año, en cada mes e incluso cada día. Es el nacimiento a la vida, a la fotosíntesis, a las transacciones humanas tanto físicas como químicas, al animalado sistema social de ruidos inconcretos, a la tranquilidad de la vida animal en los campos y a la paz espiritual del reino animal y vegetal en la mar.

Amanecer de la mar,
alba húmeda que tiembla junto al cielo.
Amanecer de la mar,
luces distintas de ojos que te miran con amor:
celestes, verdes, negros, empapados de lágrimas…

Me contaban hace años los pescadores que salían a la mar de madrugada, que existían momentos cruciales en las horas de pesca. Cuando sales y la barca está en la mar con las redes envueltas es un momento de esperanza ante la luz de las estrellas. Esperanza de una buena jornada de pesca.

Al pasar las horas, se va comprobando si aquella esperanza se ve envuelta en realidades, si el copo se va llenando. Recuerdo que se les iluminaban los ojos cuando me hablaban de lo más importante de una jornada de pesca: los amaneceres. Al alba, el brillo de la mar es diferente. Al alba, el brillo de los peces es diferente. Al alba, las luminarias del regreso son distintas.

Amaneceres de la mar, llenos de vida y esperanza, no me culpéis, sólo os robé unos versos a lo largo de mi vida.

Tú, que estás llena de poesía, no sentirás el hurto de mis líneas, y más aún si supieras lo feliz que me encuentro por haber contemplado miles de tus amaneceres, tan distintos y todos tan lindos. Es tanta esa belleza que los sigo observando como si del primer día de tratara.

Amanecer de la mar, vida de mi vida.
Amanecer de la mar, luz de mi luz.
Amanecer de la mar, amor de mis amores.
Amanecer de la mar, te sigo esperando.

Índice